PANÉGYRIQUE

DE

SAINT FRANÇOIS XAVIER

APÔTRE DES INDES

Patron de l'Association de la Propagation de la Foi

Prêché le 3 décembre 1860

DANS L'ÉGLISE DU JÉSUS

PAR L'ABBÉ BELLOT
Chanoine honoraire.

50 cent. au profit de l'œuvre.

A POITIERS

CHEZ TOUS LES LIBRAIRES.

1861.

PANÉGYRIQUE

DE

SAINT FRANÇOIS XAVIER.

Signa apostolatús mei facta sunt super vos in omni patientiá, in signis, et prodigiis, et virtutibus.

Les marques de mon apostolat ont paru parmi vous par toute sorte de patience, par des miracles, par des prodiges, et par des effets extraordinaires de la puissance divine. Seconde épître aux Corinthiens, 12, 12.

C'est ainsi, mes frères, que parlait l'apôtre saint Paul aux fidèles de Corinthe, qu'il avait convertis à la foi et engendrés en Jésus-Christ par la prédication de l'Évangile, selon la belle expression dont il se servait lui-même : *In Christo Jesu per evangelium ego vos genui.* (1 Cor. IV, 15.) C'est ainsi qu'il leur rappelait les preuves de son apostolat parmi eux, pour les convaincre qu'il était vraiment le ministre de Dieu, et que la religion qu'il leur avait prêchée, était une religion divine, qui avait Dieu, et non les hommes, pour auteur. Et quelles étaient ces preuves sur qui saint Paul fondait son divin apostolat? Les voici : la vie sainte qu'il avait menée parmi eux, et surtout l'héroïque patience qu'il avait montrée parmi tant de travaux et de fatigues, tant de contradictions et de persécutions; les miracles qu'il avait opérés, miracles éclatants et incontestables; les effets extraordinaires de la toute-puissance de Dieu, qui avaient accompagné sa prédication et paru sensiblement dans la conversion des Corinthiens au christianisme : *Signa apostolatûs mei facta sunt super vos in omni patientiâ, in signis, et prodigiis, et virtutibus.*

Mais, mes frères, ces paroles ne conviennent-elles pas au grand saint que nous honorons aujourd'hui; et, depuis l'apôtre saint Paul, jamais homme apostolique a-t-il pu, avec plus de vérité, donner pour preuves de la divinité de son apostolat, la vie sainte qu'il avait menée, les miracles qu'il avait opérés, et les fruits merveilleux de conversion et de salut qu'avait produits sa prédication : *Signa apostolatûs mei facta sunt super vos in omni patientiâ, in signis, et prodigiis, et virtutibus?*

Et voilà, mes frères, ce que je me propose, en faisant l'éloge du saint apôtre des Indes, François Xavier, de prouver, par son apostolat même, la divinité du christianisme. Pour cela, je distingue dans cet apostolat trois choses, la vie du saint apôtre, sa prédication, et ses miracles. Or, je prétends, et j'espère le démontrer avec la grâce de Dieu, que ces trois choses prouvent invinciblement la divinité de la religion chrétienne : la vie de François Xavier, parce qu'il n'y a qu'une religion divine qui ait pu, après l'avoir détrompé des vanités du siècle, lui faire mener une vie si sainte et pratiquer de si sublimes vertus; sa prédication, parce qu'il n'y a qu'une religion divine qui ait pu lui faire soumettre au joug de l'Évangile tant de millions d'infidèles, et rendre sa prédication si efficace; ses miracles, parce qu'il n'y a qu'une religion divine qui ait pu lui communiquer le pouvoir d'opérer de si nombreux et incontestables miracles. Vie, prédication, miracles de François Xavier, preuve invincible de la divinité du christianisme, tel sera le partage de ce discours et de son éloge : car, mes frères, quelle gloire pour ce grand homme d'avoir ainsi prouvé par son apostolat la vérité de la religion dont il fut le prédicateur et l'apôtre ! Implorons d'abord les lumières du divin esprit par l'entremise de l'auguste reine des saints. *Ave, Maria.*

Ire PARTIE. — Avant de faire de François Xavier un apôtre, il fallait commencer par en faire un chrétien, j'entends un vrai chrétien, un chrétien animé de l'esprit de Jésus-Christ et de l'Évangile, un chrétien détaché du monde et de ses vanités, un chrétien désintéressé, pauvre et humble de cœur. Car, mes frères, Xavier n'était d'abord rien de tout cela. Quoiqu'il eût pris naissance chez une nation éminemment catholique, et qu'il eût été élevé au sein d'une famille illustre, où la foi et la piété n'étaient pas moins héréditaires que les titres de noblesse, il croyait pouvoir allier les maximes du siècle avec les maximes de l'Évangile, et appartenir tout à la fois au monde et à Jésus-Christ. Né avec les plus heureuses dispositions de l'esprit, et avec une sorte de passion pour l'étude, il désirait ardemment de s'avancer dans la carrière des lettres, et d'y acquérir autant de gloire, que ses frères en acquéraient dans la brillante carrière des armes qu'ils avaient embrassée. D'heureux succès avaient déjà couronné ses efforts et réalisé ses espérances : il se voyait, tout jeune encore, honoré du titre de maître ès-arts et professeur de philosophie dans l'université de Paris, la plus célèbre du monde. Il n'en fallait pas davantage sans doute pour flatter la vanité et l'ambition d'un jeune homme naturellement vain et ambitieux. Où cette ambition et cette vanité le conduiront-elles, ô mon Dieu, si vous ne jetez sur lui un regard de miséricorde, et si, par un rayon de votre divine lumière, que vous ferez briller à ses yeux, vous ne dissipez ce fantôme de gloire qu'il poursuit avec une si folle ardeur. Dieu, mes frères, a pitié de son aveuglement, et, pour éclairer ce nouveau Paul, il suscite un nouvel Ananie. Ignace de Loyola, qui est venu lui-même étudier dans l'université de Paris, est l'homme que le Seigneur envoie à Xavier dans sa miséricorde. Pour le détromper de la fausse gloire du siècle dont il est ébloui, Ignace fait retentir à ses oreilles, le fameux oracle de Jésus-Christ : Que sert à l'homme de gagner le monde entier, et de perdre son âme : *Quid prodest homini si universum mundum lucretur, animæ verò suæ detrimentum patiatur?* (Matth. xvi, 26.) Repoussé d'abord avec mépris et dédain, Ignace ne se rebute point : aux pressantes exhortations, aux douces insinuations, aux ferventes prières, il joint les offices de la charité et les témoignages d'une amitié sincère. La grâce de Jésus-Christ venant seconder de si généreux efforts, Xavier ouvre enfin les yeux à la vérité ; il reconnaît qu'il n'y a de gloire ici-bas, qu'à servir Dieu ; et que, de sauver son âme, est la seule chose nécessaire et qui mérite les soins de l'homme, selon la parole du fils de Dieu : *Unum est necessarium* (Luc xii, 42.)

Ainsi s'opéra la conversion de François Xavier ; ainsi fut-il changé en un homme tout nouveau, comme le fut autrefois l'apôtre dont il devait être la vive image et le fidèle imitateur. Et certainement, mes frères, il n'y a qu'une religion divine qui ait pu opérer en Xavier un tel changement ; qui ait pu le détromper ainsi des vanités du siècle dont il était infatué, le détacher de la vaine gloire dont il était follement épris, le rendre humble et pauvre de cœur, d'ambitieux et d'intéressé qu'il était, jusqu'à lui faire aimer et embrasser les humiliations et la pauvreté. Oui, Seigneur, dans ce merveilleux changement je reconnais l'œuvre de votre grâce toute-puissante : *Hæc mutatio dexteræ excelsi.* (Ps. 76, 12.)

Mais, mes frères, la divinité de la religion ne paraîtra pas avec moins d'éclat dans la vie sainte que va mener désormais Xavier, et dans les sublimes vertus qu'il va pratiquer. Car, brisant aussitôt tous les liens de la chair et du sang, et renonçant à toutes les expérances du siècle, il s'engage irrévocablement au service de Dieu, et il ne connaît plus d'autre ambition que celle de procurer sa gloire et le salut des âmes. Pour cela, il dit un adieu éternel aux sciences profanes, et se livre tout entier à l'étude de la science sacrée. Revêtu de l'auguste caractère de ministre de Jésus-Christ, il entre de suite avec ardeur dans les fonctions de l'apostolat, pour les continuer jusqu'au dernier soupir. Venise, Bologne, Rome, Lisbonne retentissent de sa voix puissante, et recueillent les premiers fruits de son zèle apostolique. Les pécheurs pénétrés de componction, après avoir entendu le saint missionnaire, viennent en foule déposer à ses pieds le poids de leurs crimes, et obtenir par son ministère la grâce de la réconciliation. Ce qui rend son zèle plus efficace, c'est qu'aux fonctions de l'apostolat, Xavier joint l'exercice de la charité. Le soin des malades dans les hôpitaux occupe tout le loisir que lui laissent le ministère des âmes et la prière. Ceux qui sont couverts de plaies dégoûtantes, et par là même les plus délaissés, voilà ses malades de choix et de prédilection. Vous savez, mes frères, le trait héroïque que l'on raconte du saint apôtre. Parmi ces infortunés que la foi lui fait chérir et vénérer comme les membres souffrants de Jésus-Christ, il en aperçoit un couvert d'un ulcère horrible à voir. Personne n'ose en approcher; et Xavier lui-même, qui, d'une complexion délicate, avait peine à supporter la vue d'une plaie, sent d'abord toute la répugnance de la nature; mais, la surmontant aussitôt, par un effort surhumain, il s'approche du malade, baise ses plaies avec le même amour et le même respect que Marie-Madeleine baisa les plaies sacrées du Sauveur : puis collant ses lèvres.... Je n'ose achever, de peur de blesser votre délicatesse : mais avouez qu'il n'y a qu'une religion divine qui puisse inspirer un tel héroïsme de vertu, et faire vaincre ainsi toutes les répugnances de la nature et des sens.

Cependant, mes frères, ce n'était encore là pour François Xavier, que l'essai et comme l'apprentissage de l'apostolat. Dieu le destinait, comme un nouveau vase d'élection, à porter son nom aux peuples et aux rois dans les pays infidèles, et jusqu'aux extrémités de la terre : *Vas electionis est mihi iste, ut portet nomen meum coram gentibus et regibus.* (Act. 9, 15.) Le vicaire de Jésus-Christ, Paul III, à la prière d'un pieux souverain, Jean III, roi de Portugal, l'envoie prêcher l'Évangile dans les Indes, et il ouvre ce vaste champ à son zèle apostolique. Mais Xavier n'ignore pas que le succès de l'apostolat dépend surtout de la vie que mène l'apôtre, et que l'exemple du prédicateur de l'Évangile est bien plus efficace que sa parole. Aussi, mes frères, quelle vie que celle de François pendant les dix années que dura son apostolat! Quelles vertus! quelle sainteté! représentez-vous ici saint Paul; car je ne puis vous donner une plus haute ni une plus juste idée de l'apôtre des Indes, qu'en le comparant à l'apôtre des Gentils; représentez-vous donc saint Paul et ses sublimes vertus; son zèle ardent pour la gloire de Dieu, qui lui fit soutenir tant de travaux, entreprendre tant de voyages, courir tant de dangers sur mer et sur terre, souffrir la faim, la soif, le dénûment de toutes choses; son inviolable attachement à Jésus-Christ, dont rien au monde n'était capable de le séparer, ni la tribulation, ni la détresse, ni le péril, ni la persécution, ni le glaive, ni les tourments et la mort; son héroïque charité pour le prochain, pour le salut duquel il était prêt à tout sacrifier, et à s'immoler lui-même, jusqu'à consentir à être séparé pour un temps de Jésus-Christ, qu'il souhaitait si ardemment de voir et de posséder; son admirable condescendance pour les pécheurs, se faisant tout à tous et le serviteur de tous, pour les convertir tous et les sauver; son amour insatiable des souffrances, au milieu desquelles il surabondait de joie, et dont il se glorifiait; son étonnante mortification, qui le portait à châtier son corps et à le réduire en servitude, joignant ainsi les austérités de la pénitence aux pénibles travaux de l'apostolat; son parfait désintéressement, qui l'engagaait à exercer gratuitement son ministère, bien qu'il eût droit de vivre de l'Évangile, pour n'être à charge à personne et ne pas nuire aux progrès de la foi ; enfin, sa profonde humilité, qui le faisait s'estimer et se dire le premier des pécheurs, et le dernier des apôtres : *Ego sum minimus apostolorum.* (1 Cor. 15, 9.)

Tel fut saint Paul, mes frères, vous le savez, telles furent ses vertus. Tel fut aussi François Xavier; et, dans les vertus de l'apôtre des Gentils, vous avez une peinture fidèle des vertus de l'apôtre des Indes : même zèle de la gloire de Dieu, même attachement à Jésus-Christ, même charité pour le prochain, même condescendance pour les pécheurs, même amour des souffrances, même esprit de pénitence et de mortification, même désintéressement, même humilité : vertus qui ne se démentirent jamais, et qu'il pratiqua constamment, avec un égal héroïsme, jusqu'à son dernier soupir. Tel il parut au début de son apostolat, tel il fut jusqu'à la fin; toujours aussi zélé et aussi ardent pour Dieu, toujours aussi charitable et aussi condescendant pour le prochain, toujours aussi patient et aussi mortifié, toujours aussi désintéressé et aussi humble, toujours aussi pur dans ses mœurs, et aussi saint dans toute sa conduite. Il faut, mes frères, remarquez ceci, je vous prie, que cette sainteté de Xavier ait été bien éclatante et bien incontestable, puisqu'elle a été reconnue et avouée par les ennemis même de la religion qu'il prêchait, je veux dire, par les payens obstinés dans leurs superstitions, et par les hérétiques entêtés de leurs erreurs et pleins des préjugés de leur secte : car on a vu les uns et les autres rendre hautement témoignage à l'éminente sainteté de l'apôtre des Indes, et ne pas hésiter à l'appeler un saint, un homme de Dieu, un thaumaturge, un véritable apôtre, un autre saint Paul.

Mais que conclure de tout cela, mes frères? C'est que la religion que prêchait François Xavier, est donc une religion divine. Pourquoi? Parce qu'il n'y a qu'une religion divine qui puisse élever un homme à un tel degré de sainteté et lui faire pratiquer de si héroïques vertus; parce qu'il n'y a qu'une religion divine qui puisse inspirer à un homme un zèle si infatigable, une charité si ardente, une abnégation si entière, une patience si inaltérable, un désintéressement si parfait, une humilité si profonde et si sincère. Comparez à François Xavier les grands hommes que vante l'antiquité payenne, un Socrate, un Platon, un Épictète, un Caton, et autres; comparez-lui même les grands hommes dont s'honore l'hérésie, et vous verrez l'immense intervalle qui les sépare du saint apôtre des Indes, et s'ils peuvent soutenir un seul instant le parallèle; vous verrez toutes leurs prétendues vertus s'éclipser devant les siennes, comme l'astre de la nuit s'éclipse devant l'astre du jour. Non, mes frères, encore un coup, il n'y a qu'une religion divine qui ait pu former un François Xavier, et l'éminente et incontestable sainteté de sa vie est une preuve irrécusable de la vérité du catholicisme. Mais sa prédication et ses miracles en sont une autre preuve non moins irrécusable, comme nous le verrons dans la seconde partie de ce discours et de son éloge.

2ᵉ PARTIE. — Porter le flambeau de l'Évangile chez un grand nombre de nations infidèles, différentes de langage, de mœurs et de coutumes, et les soumettre au joug de la foi; convertir des millions d'idolâtres de tout âge et de toute condition, et de payens aveuglés et dissolus, en faire de fervents chrétiens, par la persuasion seule, et sans autre moyen que la prédication, c'est, mes frères, ce que j'appelle une preuve irrécusable de la divinité du christianisme. Pourquoi? parce qu'il est évident qu'il n'y a que Dieu qui puisse donner à la prédication une telle efficacité, et, par un moyen si faible en apparence, produire dans les esprits et les cœurs un si merveilleux changement : *Hæc mutatio dexteræ excelsi*. C'est la merveille qui parut pour la première fois dans le monde par la prédication des apôtres ; puisqu'il est constant qu'ils n'employèrent d'autre moyen, pour convertir l'univers et le soumettre à l'Évangile, que la prédication même de l'Évangile. Mais c'est la merveille qu'on a vu se renouveler, au seizième siècle, par la prédication de François Xavier. Arrivé dans l'Inde, où l'envoie le vicaire de Jésus-

Christ, il passe d'abord dans l'île de la Pêcherie ; le voilà rendu au cap de Comorin, et vingt mille idolâtres viennent aussitôt le reconnaître pour l'ambassadeur du vrai Dieu : Xavier ne sait ni la langue, ni les coutumes du pays, et cependant il persuade tous les esprits et gagne tous les cœurs ; chaque jour une bourgade entière est initiée au saint baptême. Vainement les prêtres des idoles et les magistrats s'élèvent avec fureur contre le saint apôtre ; ils ne tardent pas eux-mêmes à être vaincus par la force de sa parole, ou plutôt de la grâce divine, et à devenir de fervents néophytes. Il passe de là dans le royaume de Travancor, où il forme des milliers de catéchumènes, et fait autant de chrétiens, qu'il assemble autour de lui d'auditeurs. Bientôt il paraît chez les Mores, fameux insulaires, connus dans toute l'Inde par leur cruauté et leur barbarie. Le saint missionnaire, comme un agneau parmi des loups dévorants, les charme par sa douceur ; il les cultive, les rend traitables, et par le baptême les transforme en d'autres hommes. Il entre dans Malaca, et d'une Babylone, il en fait une Jérusalem, c'est-à-dire, d'une ville abandonnée à tous les vices, il en fait une ville sainte.

Mais un nouveau champ s'ouvre à son zèle infatigable ; c'est le Japon où Xavier est le premier qui ait porté le flambeau de l'Évangile : en sorte qu'il peut dire, comme le grand apôtre, qu'il a prêché Jésus-Christ dans des lieux où jamais ce nom adorable n'avait été prononcé : *Non ubi nominatur est Christus ; sed sicut scriptum est : quibus non est annuntiatum de eo.* (Rom. 15, 20.) Il se présente chez cette nation si fière et jalouse de ses anciennes pratiques et de la religion de ses pères; chez cette nation ensevelie depuis tant de siècles dans les ténèbres de l'infidélité, et dans tous les vices qui en sont la suite. Et avec quoi s'y présente-t-il, mes frères? avec la croix qui a vaincu le monde. Xavier montre le crucifix ; il proteste que ce Dieu crucifié est le Dieu de tous les hommes et le seul vrai Dieu qu'il faut reconnaître et adorer. Et, ô merveille! il est cru sur sa parole. Les rois et les peuples l'écoutent et le respectent ; de mille sectes répandues dans le Japon, il n'y en a pas une qu'il ne confonde; les bonzes les plus opiniâtres se font non-seulement ses disciples, mais ses ministres et ses coopérateurs. Tous les jours, il fonde de nouvelles églises. Et quelles églises, mes frères! des églises dignes, par leur ferveur et leur sainteté, de rivaliser avec l'église naissante, des églises éprouvées par la plus cruelle persécution. et où l'on a pu compter presque autant de martyrs, qu'il y avait de fidèles.

Je m'arrête ici, et, sans vouloir suivre ce conquérant des âmes dans tant de provinces et de royaumes qu'il a parcourus et soumis à la foi chrétienne, je me borne au faible et rapide tableau que je viens de vous tracer. Or, mes frères, si nous considérons, d'une part, le caractère des différents peuples avec qui Xavier eut à traiter, l'obstination de leur esprit et leur attachement à de fausses divinités, la corruption de leurs mœurs et leurs habitudes vicieuses, leur férocité ou leur fierté naturelle; d'une autre part, la sublimité de la loi qu'il leur prêchait, son obscurité dans les dogmes, sa sévérité dans la morale; et, avec cela, ce consentement universel, cette soumission prompte, et cette étonnante docilité avec laquelle ils l'ont reçue et embrassée, pourrons-nous ne pas y reconnaître l'œuvre de Dieu, et ne pas nous écrier que le doigt de Dieu est là : *Digitus dei est hic?* (Exod. 8, 19.)

Je sais, mes frères, et je ne dissimulerai point ici ce que pourrait nous objecter l'incrédulité, je sais que, dans le temps même où François Xavier convertissait au christianisme les peuples de l'Orient, d'autres hommes détachaient plusieurs peuples de l'Occident de l'unité catholique, et le entraînaient dans le schisme et l'hérésie. Mais quelle différence entre ces hommes et le saint apôtre des Indes ! car, outre que Xavier tenait sa mission des pasteurs légitimes de l'Église, mission qu'il soutenait de la sainteté de sa vie, et que Dieu autorisait par d'éclatants miracles, comme nous le verrons bientôt; tandis que les hommes qu'on nous oppose prétendaient avoir reçu leur mission de Dieu même, et qu'il est constant qu'ils ne donnaient d'autre preuve de cette mission extraordinaire, que la dépravation de leurs mœurs et leur vie scandaleuse; outre qu'il n'est pas moins certain que cette religion prétendue réformée dut ses rapides progrès à la protection des princes, qui la favorisèrent, non par esprit de conviction, mais par esprit de cupidité ou de libertinage, pour s'enrichir des dépouilles de l'Église, ou pour satisfaire leurs passions ; outre cela, mes frères, quelle religion prêchaient ces prétendus envoyés de Dieu? Une religion favorable à la nature et commode aux sens, qui retranchait tous les préceptes de l'Église, dégageait de l'obligation des vœux, délivrait du joug de la confession ; une religion qui, sous prétexte d'une impossibilité imaginaire d'observer les commandements divins et d'un défaut de grâce suffisante, conduisait les hommes au libertinage. Or, je le demande, quelle merveille y a-t-il qu'une telle religion se soit établie dans le monde, et qu'elle ait été embrassée, à l'exemple de leurs souverains, par des peuples pervertis et corrompus ! Au contraire, quelle religion prêchait l'apôtre des Indes ? une religion qui combattait toutes les passions, qui prescrivait des pratiques gênantes et révoltantes pour la nature et les sens; une religion qui, en mortifiant le cœur, humiliait l'esprit par la profondeur et l'incompréhensibilité de ses dogmes; une religion qui obligeait ceux qui l'embrassaient à lui rester fidèles, aux dépens de tout ce qu'ils avaient de plus cher, de leurs biens, de leur liberté et de leur vie. Or, d'avoir persuadé une telle religion à des millions d'idolâtres de tout âge et de tout rang, aux riches et aux pauvres, aux savants et aux simples, à des hommes voluptueux et sensuels, opiniâtres et présomptueux, n'est-ce pas un miracle évident, mes frères? miracle qui suffirait, indépendamment de tout autre, pour démontrer la divinité du christianisme; parce qu'il n'y a évidemment que Dieu qui puisse opérer ce miracle, je veux dire, qui puisse éclairer ainsi tant d'esprits aveuglés et toucher tant de cœurs endurcis, par la seule vertu de sa divine parole : *Digitus dei est hic.*

Mais que serait-ce, mes frères, si, à ce miracle, venaient se joindre un très-grand nombre d'autres miracles, non plus dans l'ordre moral, mais dans l'ordre physique? Qui pourrait douter alors de la vérité de la doctrine que prêcherait celui qui aurait le pouvoir d'opérer ces miracles? Dieu fait-il des miracles en faveur du mensonge et de l'imposture, et autorise-t-il par de vrais miracles les fausses religions? Non sans doute, parce que ce serait induire les hommes en erreur, ce qui répugne à sa souveraine véracité et à sa sainteté infinie. Si donc François Xavier a fait des miracles, de vrais miracles, des miracles incontestables, la religion chrétienne est par là même démontrée divine, parce qu'elle porte alors le sceau de la divinité même : *Nemo potest hæc signa facere, nisi fuerit* **Deus** *cum eo.* (Jean 3, 1.)

Or, premièrement, mes frères, que Xavier ait

fait un grand nombre de miracles, il ne faut, pour s'en convaincre, que parcourir sa vie apostolique. Qu'est-elle autre chose, qu'une suite d'œuvres merveilleuses, de morts ressuscités, d'aveugles éclairés, de malades guéris, de tempêtes apaisées, d'événements prédits, d'armées ennemies mises en fuite par sa seule présence, de fléaux dévastateurs cessant à sa prière? C'est ce qu'on rencontre presque à chaque page. Secondement, mes frères, les miracles de Xavier sont de vrais miracles, des miracles divins, dont Dieu seul peut être l'auteur. Eh, quel autre que Dieu peut ressusciter des morts, guérir en un instant des malades désespérés, apaiser d'un seul mot de furieuses tempêtes, prédire des événements futurs ou éloignés, lire au fond des cœurs et des consciences? Troisièmement, mes frères, les miracles de Xavier sont des miracles certains et incontestables : miracles éclatants, opérés en présence d'une multitude de personnes; une tempête apaisée sur-le-champ en présence de six cents personnes, des événements éloignés clairement prédits devant un nombreux auditoire, quatre cents personnes désaltérées avec de l'eau de mer rendue douce par une seule parole, un mort enseveli depuis deux jours rappelé à la vie devant un peuple immense, accouru pour voir ce nouveau genre de preuves en faveur de la loi qu'on lui prêche, et qui, frappé de cette merveille, abjure ses erreurs et demande le baptême : miracles examinés avec une extrême rigueur par l'ordre d'un grand roi, et vérifiés sur les lieux mêmes par des vice-rois, des gouverneurs de province, des évêques : miracles attestés, sous les serments les plus solennels, par des milliers de témoins oculaires, probes et éclairés, dans le temps où la mémoire en était encore récente : enfin, miracles reconnus et déclarés authentiques par l'Église romaine, que l'on sait être si circonspecte et si scrupuleuse même dans l'examen des miracles relatifs à la canonisation des serviteurs de Dieu : en sorte que l'on peut bien dire, et je le dis avec une conviction profonde, qu'après les miracles de Jésus-Christ et ceux des apôtres, il n'en est pas de plus certains et de plus incontestables, que les miracles de François Xavier.

Mais, mes frères, il a plu à la bonté divine de nous donner, même après la mort du saint apôtre, une preuve sensible et toujours subsistante de la vérité des miracles qu'il opéra pendant sa vie. Car il mourut, ce héros chrétien, auprès de qui disparaissent ces héros fameux, vrais ou supposés, que vante l'antiquité payenne ; il mourut, consumé par son zèle et ses travaux, dans cette île qu'il a rendue à jamais célèbre, à la vue de ce vaste empire, où il désirait ardemment de porter le flambeau de l'Évangile, et où le portèrent plus tard des hommes animés de son esprit ; il mourut, mais la mort respecta sa dépouille mortelle ; et, depuis plus de trois siècles, son corps est resté incorruptible, Dieu voulant sans doute qu'il attestât, dans son silence même, aux générations futures, l'éminente sainteté de Xavier et l'incontestable vérité de ses miracles : *Defunctus adhuc loquitur.* (Heb. 11, 4.)

Et c'est ainsi, mes frères, que tout, dans le bienheureux apôtre des Indes, ses miracles, sa prédication, sa vie, et jusqu'à sa mort, sert de preuve à la divinité de la religion sainte que nous avons le bonheur de professer : preuve qui suffirait pour nous y attacher inviolablement, mais qui, jointe à tant d'autres preuves non moins invincibles, doit nous confirmer dans la foi et nous y rendre inébranlables. Non, mes frères, après ce que nous venons de voir, rien ne doit être capable de nous faire chanceler dans la foi, ni les sophismes de l'incrédulité, ni les blasphèmes de l'impiété, ni les railleries du libertinage, ni même la persécution, ni les tourments, ni la mort. Ce fut là, vous le savez, le fruit de l'apostolat de François Xavier, de rendre ses néophytes si fermes dans la foi chrétienne, qu'ils sacrifièrent pour elle leurs biens, leur liberté, et leur vie. Quelle honte serait-ce pour nous, mes frères, nés au sein du christianisme, si nous avions moins de foi que des hommes nés au sein de l'idolâtrie ! Quelle honte pour nous, et en même temps quel crime, si, au milieu de tant de lumières, nous venions à perdre la foi, et à tomber ainsi dans les ténèbres de l'infidélité ! Quelle excuse pourrions-nous alléguer au tribunal de Jésus-Christ, lorsque, nous confrontant avec ces généreux confesseurs et ces glorieux martyrs des Indes et du Japon, instruits par Xavier, il nous dirait : Voyez-vous ces infidèles, ils ont cru, sur la parole d'un homme étranger et inconnu, à une religion dont ils n'avaient jamais ouï parler, une religion opposée à leurs préjugés et contraire à leurs passions; et ils y ont cru, jusqu'à tout perdre, tout sacrifier, plutôt que d'y renoncer. Et vous qui aviez reçu cette religion de vos pères, comme un précieux héritage; vous qui en connaissiez les solides fondements, la vérité et la sainteté, vous y avez renoncé, non par la crainte des tourments et de la mort, mais par la crainte d'une raillerie, d'une injure; vous y avez renoncé par esprit d'orgueil, pour vous singulariser et vous distinguer de vos semblables par votre incrédulité; par esprit de libertinage, pour vivre au gré de vos passions et vous livrer sans remords à toute la dépravation de votre cœur.

Voilà, mes frères, ce que nous dirait le souverain juge, si nous avions le malheur de renoncer à la foi; voilà par où il nous convaincrait, nous confondrait, nous réprouverait. Ah! n'y renonçons jamais à cette foi divine; tenons-nous-y fortement attachés, et soyons prêts à sacrifier pour elle, s'il le fallait, tout ce que nous avons de plus cher ici-bas, biens, honneur, liberté et vie. Mais ne nous contentons pas de conserver la foi, mes frères, vivons encore selon la foi, et conformons-y notre conduite et nos mœurs; puisque aussi bien la foi sans les œuvres n'est qu'une foi morte, qui, loin de nous sauver, servirait à nous condamner. Aussi le saint apôtre des Indes avait-il soin de former à la piété chrétienne ceux qu'il engendrait à la foi ; et nous avons vu quelles étaient la pureté de mœurs et la sainteté de vie de ses fervents néophytes. Ce n'est qu'en les imitant, mes frères, que nous parviendrons où ils sont parvenus eux-mêmes, au séjour d'une bienheureuse immortalité.

Cependant, grand saint, glorieux apôtre, du haut du ciel où vous recevez la juste récompense de vos travaux et de vos vertus, daignez nous faire sentir ici-bas les effets de votre puissante protection. Protégez l'Église, cette église de Jésus-Christ que vous avez tant aimée et pour laquelle vous avez tant souffert; obtenez-lui, avec la fin des maux qui l'affligent, la grâce de continuer au sein de la gentilité ses pacifiques conquêtes, et, avec l'extinction des hérésies et des schismes, la consolation de voir tous ses enfants réunis en un seul troupeau sous la houlette du même pasteur. Protégez ces hommes apostoliques, qui, suivant vos glorieuses traces, portent le flambeau de l'Évangile aux nations infidèles; mais protégez surtout les disciples d'Ignace, vos frères dans la religion et dans l'apostolat; obtenez-leur la faveur insigne de soumettre enfin au joug de la foi ce vaste empire, dont la conversion fut votre vœu le plus ardent. Protégez cette illustre compagnie dont vous fûtes un des fondateurs, et dont vous êtes maintenant un des ornements et une des gloires; cette compagnie qui vous était si chère, que plutôt *vous auriez oublié votre main droite, que de l'oublier elle-même;* obtenez-lui toujours votre esprit de zèle dans les fonctions apostoliques, votre esprit de charité dans les persécutions et la haine injuste des hommes. Protégez tous les membres de cette pieuse confrérie, établie sous votre patronage, qui a pour but de soutenir les apôtres dans leur laborieux ministère; obtenez-leur un redoublement de zèle pour la propagation de l'Évangile dans le monde entier. Enfin, grand saint, protégez-nous tous, et obtenez-nous une fermeté inébranlable dans cette religion dont votre vie, votre prédication, et vos miracles nous attestent hautement la vérité et la divinité; afin que, vivant et mourant au sein de cette religion divine, et conformant nos mœurs à notre foi, nous méritions de partager au ciel votre gloire et votre félicité. Je vous le souhaite, mes frères, au nom, etc.

Poitiers. — Imprimerie de N. Bernard.

www.ingramcontent.com/pod-product-compliance
Lightning Source LLC
Chambersburg PA
CBHW060931050426
42453CB00010B/1953